プレ・ゴールデンエイジを最高の時間にする！

親子で楽しむ
柔術あそび

トライフォース五反田 " おかみ "
秋川かずよ

日貿出版社

はじめに

　この本では、柔術をやったことがなくても親子で一緒に楽しめるブラジリアン柔術のあそびを紹介しています。

　対象年齢は３歳から小学校低学年までの「プレ・ゴールデンエイジ」と呼ばれる時期の子どもたちです。

　９歳から12歳頃までの「ゴールデンエイジ」に運動能力が一番伸びるのに対して、この「プレ・ゴールデンエイジ」は、神経系がグンと発達する時期で、８歳までに90％くらい完成するといいます。つまりこの時期にどんな運動をしていたかが、その後の体を動かすこと全般に大きく影響するわけです。

　もちろんこれはとても大事なことです。でも、どんなに素晴らしいスポーツの英才教育を受けるよりも、この時期にパパやママとたくさん触れ合って遊んで楽しかった記憶は、子どもたちの心の中にずっと残るはず。それは将来子どもが、なにか困難なことに出会ったり、大事な決断をする時に拠りどころになる、感触や体温を持った大切な思い出です。

　もちろんこれは保護者の方にとっても同じです。抱き上げることのできる時期はごくわずかなんですから……。

　大好きな人と一緒に食べるご飯が、いつもよりおいしく感じられるように、家族で柔術というスキンシップ多めの格闘技を楽しんでください。

目次

3

Part 2 やってみよう柔術あそび！　　　33

1. ブラジル体操

Part 1

柔術あそびってなに？

そもそも「柔術あそび」ってなんでしょう？
まずは本書の著者 "おかみ" こと
秋川かずよのことから、
柔術あそび誕生の背景と
子どものあそびにとって大事な
4つの要素と、
柔術あそびを行う上で
大事なポイントを紹介します。
また、実際に親子柔術を
楽しんでいる方たちの声も
まとめました。

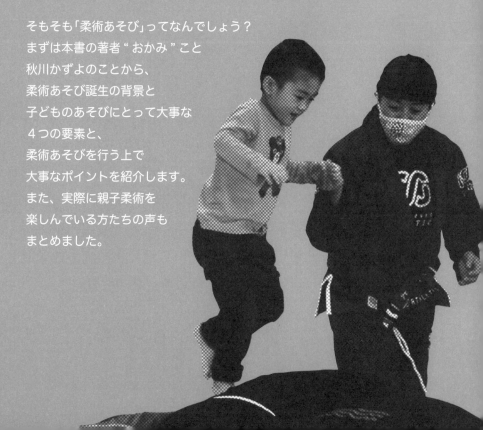

○著者 " 秋川かずよ " ってこんな人

みなさん、こんにちは。

ワタクシ、子どもたちには「ずよ先生」と呼ばれています。

東京品川区にあるブラジリアン柔術道場の「おかみ」として柔術を指導したり、掃除や洗濯、営業活動をしたりしています。生まれと育ちは北海道のオホーツク海沿岸、斜里町。冬になるとアザラシが来るような田舎です。網走の高校を卒業後、運動センスがないくせにスポーツトレーナーを目指し、日本体育大学女子短期大学に進学しました。卒業後は証券会社に入社したのですが、その年のうちにバブル崩壊。その後、母が他界したこともあって、改めてスポーツトレーナーという原点に立ち戻ります。学び直すために母の遺産を使って専門学校に入り直し、日中は仕事、夜と週末は学業という日々を過ごしました。

ここで出会ったのが運動医療という「運動で疾患の改善をする」学問です。卒業後は高齢者対象のウォーキング指導や健康相談室での検査の補助などを務め、人体解剖の実習のために中国の大連医科大学まで行ったこともありました。でもスポーツトレーナーだけで食べていくのはなかなか難しく、会社員との二足のわらじの生活が続きます。

スポーツトレーナーのなかでも、特になりたかったのが格闘家のトレーナーです。それには自分も格闘技を経験しないといけない。そう思って始めたのが、ブラジリアン柔術との出会いでした。中井祐樹選手（パラエストラグループの創設者・現日本ブラジリアン柔術連盟会長）のファンだった私ですが、中井選手のジムが遠かったため、支部のパラエストラ吉祥寺に入門します。これが 31 歳の時。以降、すっかりブラジリアン柔術の虜になってしまいます。愉快で尊敬できる柔術仲間に恵まれ、世界大会にも出場しました。

　おかげで充実した時間を過ごしましたが、勤めていた会社が早期退職を募ったのを機に、中山徹（元総合格闘家、柔術黒帯、現トライフォース五反田代表。夫でもある）とともにトライフォース五反田を設立。私は「おかみ」としてジムの運営に携わるようになりました。スポーツトレーナーを目指した私がついにこの時、大好きなスポーツを専業として生きることになったのです。これが 2008 年なので、かれこれ 12 年も前のことです。

○親子柔術クラスの誕生！

　おかげさまで会員も集まり、ジムもなんとか軌道に乗ってきました。格闘技は若者のためのものというイメージがあるかも知れませんが、少子高齢化が進む日本社会を反映して、会員も30歳を過ぎたマスター世代が大半です。なかには家庭を持つパパさんも大勢います。激務のなかで仕事を早く切り上げ、週末は家族との予定を調整するなどの多大な努力をして、練習時間を捻り出して来ています。

　　　" なにか彼らや彼らの家族の手助けができないだろうか。"

　そう思ったのが、トライフォース五反田で「親子柔術」を始めたきっかけでした。日曜日に親子柔術クラスを作れば、パパたちは子どもたちと柔術ができます。親子で柔術を楽しめますし、平日は希薄になりがちなコミュニケーションもとれます。さらにママに自由時間をプレゼントすることもできます。この試みは会員たちに好評で、たちまち大勢の子どもが集まるようになりました。最近ではジムの外にも親子柔術の輪が広がり、他のトライフォース支部やその他の柔術ジムでも私たちのノウハウを役立ててくれています。

親子柔術を始めたのにはもう一つの理由があります。それは子どもたちの運動能力の格差解消です。都会で暮らす子どもたちと田舎の子どもたちとでは、格段の違いがあります。

　合宿で宮崎県を訪ねた時のことです。東京から来た子どもが神社の階段を親に手を引かれながら一段ずつ上る一方で、地元の子どもたちは防波堤やテトラポットの上をすいすいと駆け回っているのです。都会の子どもはこんなに体が動かないものなのか！　この違いに田舎育ちの私はかなりのショックを受けたのです。

　『木村政彦はなぜ力道山を殺さなかったのか』（増田俊也著・新潮社）で一躍有名になった伝説的な柔道家、木村政彦は幼い頃から川底の砂利をすくう仕事をしていたそうです。そうやって培った頑丈な足腰は、柔道家としての実力を支える土台となったことでしょう。幼少期の運動能力は、大人になってからの身体能力に大きな影響を与えます。

　日常的にバランス能力やチョットした勇気を必要とされる環境で育った子どもと、靴を履いて平らなアスファルトの上を歩くだけの子どもとでは、差は歴然です。

だからといって生活環境を変えることはできません。たとえ週1回しか練習できなくても、親子で取り組めば家や公園で一緒に遊ぶことができます。そうやって柔術あそびを家庭に届けることで、少しでもその差が埋められるのではないかと思ったのです。

　この本を通して手足をたくさん動かして、親子で柔術あそびを楽しんでください。どんな環境の子どもでも健やかに成長できるための助けになれば、と思っています。

◯柔術あそびの黎明期

　親子クラスを開設した頃は、四苦八苦の連続でした。特に、クラスに参加していた子どもはわんぱく盛りの三歳児が中心です。サポートしてくれたパパたちも私も子どもたちのご機嫌をとりながら柔術のエクササイズをやらせようとしましたが、すぐに飽きてしまいます。ブラジリアン柔術の動きには、大人にだって難しいものがたくさんあります。それをそのままやらせようとしたのですから、うまくいくはずがありません。

　そうこうするうちに気づいたのが、「親子一緒に楽しめることが大事」ということ。それと、子どもの骨格は大人に比べて未成熟なので、その点を考慮すること。この二つさえ守ればよいことがわかってからは、子どもの遊びもヒントにしてたくさんのメニューが生まれました。

○ロジェ・カイヨワの「遊び」理論

　ブラジリアン柔術ともう一つ、柔術あそびには軸があります。それがロジェ・カイヨワ（1913年〜1978年 フランスの学者）の研究です。「遊び」と「学習」は逆のもののように見えながら、実はほとんど一体です。そんな「遊び」に対して、カイヨワ先生は名著『遊びと人間』でこんな風に定義しています。

・競争する遊び（アゴン）　例．かけっこ、玉入れなど

　勝ち負けを楽しむ遊び。アゴンがスポーツのルーツだと考えてもいいでしょう。勝ち負けを決めるルールに則った遊びです。

・運試しの遊び（アレア）　例．じゃんけん、サイコロなど

　偶然（突き詰めれば確率論になる場合がありますが、それは脇に置いておきます）に勝敗のつく遊び。ルーレットや、ポーカーなどのカードゲームの多くもこの類。

・マネっこ遊び（ミミクリ）　例．ごっこ遊び、仮装、ジェスチャーゲームなど

　モノマネをする遊び。子どものごっこ遊びやジェスチャー

ゲームなどがここに入ります。大人が応援するスポーツチームのユニフォームを着たり、コスプレなどにミミクリのエッセンスが見受けられます。

・目眩の遊び（イリンクス）　例．ジェットコースター、滑り台、トランポリンなど

　少しわかりづらいかもしれませんが、ぐるぐる回って目を回したり、急な滑り台をシューッと滑り降りたりして楽しむのがイリンクスです。高いところから飛び降りたり、投げ上げられたりする時の独特の楽しさは、一度ハマると何度も体験したくなる依存性があります。

　柔術あそびはこれら四つの要素を意識して作られています。
　一つのエクササイズにいくつもの要素が含まれているなど、必ずしも要素とエクササイズが一対一で対応しているわけではありません。でもこのカテゴリ分けを頭の片隅に置いておくと、子どもが飽きてきた時に違うカテゴリの遊びに切り替えるなど、遊びの組み立てにとても便利です。「このエクササイズはどの要素が強いかな」と考えながらこの本を読んでみてください。

競争する遊び

運試しの遊び

柔術あそび

マネっこ遊び

目眩の遊び

ロジェ・カイヨワの遊びの理論
柔術あそびはこの四つの要素を含んだ遊びになっています。

○柔術あそびの大事なポイント

・イヤイヤ期を抜け出そうな 3 〜 4 歳の時期

　そろそろ幼稚園など家庭の外の世界との触れ合いが始まりますが、まだまだ家庭が中心です。ですから外の世界の住人である先生よりも、パパやママがお手本を見せるほうが、子どもの脳にダイレクトに響きます。パパのことをマネたいし、一生懸命ついてきます。ぜんぜんマネになっていなくても大丈夫。ついてくるだけでいいんです。

　マット運動などの一人でやるムーブはかならず大人が先に動いて見せてあげてください。もし見てくれなくても「ヒャッホー！」とでも楽しそうな声をあげながら、楽しそうにやってください。動くことは楽しいのだと、見せてあげるのです。柔術あそびの目的は、親子のコミュニケーションと、子どもたちの健やかな体づくりです。だからエクササイズがうまくできなくてもなんの問題もありません。

　他の子と比べる必要なんてありませんし、まったくできなかったとしても、それが原因で死ぬわけではありません。だからイラついたり叱ったりする必要もいっさいありません。

　泣いたり、すねたりしてる子に、無理強いしたってたいして

良い結果にはなりません。ふわっと見守るくらいで良いのです。やるのを拒むのも、成長の証です。成長したからこそ、自分の意思を表明できたのです。

　だからといって、子どもの「できない！」を無制限に受け入れるわけではありません。恥じらいが芽生えてくると、他の子よりもできない自分が恥ずかしくて「できなぁぁぁああい！！」とぐずる子が出てきます。

　これは男子より心の発達が早い女子にありがちです。そのうえパパたちは娘に弱い傾向にあるため「この子は恥ずかしがっているからしなくてもいい」と、子どもの「できない」を許してしまいがちです。

　でもそれでは「できなくて恥ずかしいことは、しなくてもいい」ということになってしまいます。でも「恥ずかしいから」という理由であいさつをしなくても良いのでしょうか？　先生に返事をしなくても良いのでしょうか？

「できない」→「恥ずかしい」→「やらない」

の循環で、大事なことをやらない、やらせない親子になってしまうのです。

できないことと
恥ずかしいことは
違うんだよ。

うん！

そうやって能力を伸ばされないまま大人になってしまったらどうでしょうか。困難を乗り越える力も獲得できませんし、女の子なら「できないことを許してくれる男性」にまんまと利用されてしまうでしょう。「できないことをさせない、本人ができると思える範囲の成功体験しか積ませない」ことの先に待ち受けているのは、残念な現実です。大人はそこに目を向けなくてはいけません。パパが女の子を甘やかしたくなる気持ちもわかりますが、大事に思うなら、時に根気よく「できる」に導いてあげてください。愛情を根気強さに変換させるには本当にエネルギーが必要です。でも女の子は共感性が高いため、大人の愛情を必ず感じて応えてくれるものです。

　また、パパやママがうっかり発した「あなたにはムリ」という言葉が、「できない」の原因になっていることもあります。パパ、ママの口癖は子どもにとても強い影響を与えるので気をつけましょうね。

「できなくても恥ずかしいことなんてない。できないことだっておもしろいし、できるようになったらもっとおもしろい」

　そんなメッセージをお子さんにたくさん伝えてあげてください。

○お受験としての柔術あそび

「ゴールデンエイジ」や「プレ・ゴールデンエイジ」なる言葉が、昨今聞かれるようになってきました。5歳頃から12歳頃までの、子どもの運動能力が著しく上がる時期と、その準備期間を指すそうです。幼稚園年長から小学校6年生頃まで。この時期は親子柔術の対象年齢と重なっています。

まだ頭の固い頃の私は、
「幼稚園の子どもにお受験をさせるなんて…なんだか悲しい」
と思ってしまっていました。

東京では中学受験のために小学校4、5年生の頃から、お稽古を辞めるように塾から言われます。幼稚園からなじんできた柔術もサッカーも野球もダンスもお絵かきもピアノもぜんぶ辞めて、より良い中学に入れるよう高価な塾の特別講習を受講します。そこにゴールデンエイジという大事な時期を費やす意義があるのかどうか？
そんな疑問はさておき、ゴールデンエイジを受験に費やさなければならない子どもたちの姿を見て、ある発想にたどり着きました。

「幼稚園の時に受験を終わらせたらいいのでは？」

つまり小学校受験です。幼稚園児に受験だなんてやりすぎじゃないかという印象もあるかもしれませんが、小中一貫校に入ってしまえば、いちばん伸びる時期にスポーツを諦めなくてもすみます。これはもちろん受験をしたいという家庭の話。公立の学校を否定するわけではありません。でも小学校受験であれば、受験とゴールデンエイジの活用を両立させられます。それに近年の小学校受験では、子どもの運動能力、記憶力、形を把握する能力が重視されているとのことです。

　入試問題を見てみても、普通のペーパーテストにならんで体を使う問題がたくさん出題されています。脳で認識し、命令を筋肉に伝える神経のつながりの発達は、進学後の学力の発達と密接な関係にあります。実際に親子柔術のメンバーが小学校受験に見事に合格した例もあります。運動能力がもっとも発達する時期に思い切り運動するため、あえて小学校入試で受験を済ませてしまう。都会に暮らす子どもたちにとって、そんな選択肢もアリなのではないかと思っています。

○柔術あそびの約束

　柔術あそびをより楽しむために、いくつかの約束があります。子どもよりも、サポートする大人に向けての約束のほうが多めです。

• 子どもたちへの約束

　挨拶の練習をしよう…ぶつかったら「ごめんね」を言いましょう。「こんにちは」、「さようなら」は、パパとママが大きな声で言えば子どももそれをマネします。ここでの挨拶とは、「ごめんね」と「ハイッ」という返事、それと「大丈夫？」という気遣いの言葉です。

　お仕度とお片付けの練習をしよう…自分の道着や靴下は、自分で着たり、脱いだり、しまったりする練習をしましょう。

• 大人たちへの約束

　柔術あそびは楽しむもの。できなくたってかまいませんし、やりたくなければ部屋の隅で絵本を読んでいたっていいのです。でもついつい大人が、子どもに「ちゃんと」やらせようとしてしまいます。

「先生の指示をきちんと聞いて、先生の言うとおりにしなさい」
「できるようになりなさい。できなければできるようにする努力をしなさい」
上記のようなものは、不必要です。

　大切なことは、動きができることよりも、運動している時のその振る舞いです。
　種目ができることよりも、その種目の間に、ぶつかってしまった時に「ごめんね」が言えることの方がずっと大事です。

　ニコニコしていたらにっこり笑い返してくれる。ムリヤリなにかをさせようとすると手がつけられないほどグズってしまう。転んだ子どもに驚けば、そんな大人に驚いて子どもが泣きだしてしまう。気にせず大人が笑っていれば、なにごともなかったかのように遊びだす。子どもたちはまるで鏡のように、大人の心を映しだします。
　できないことができるようになった時、ほめることも大切です。でももっと大切なのは、大人自身が楽しんでいる姿を見せることです。親が突っ立ったまま、見本も示さずに言葉だけをなぞり、無理やりさせようとするのは、親子柔術では重大なルール違反。
　できなければ、できないことを一緒に楽しんでください。

３歳の子どもが、小学校に上がるまでの間は、瞬きするほどの短さです。

　パパとママと一緒に、抱っこされたりぶら下がったりして遊んだ記憶を、たくさん楽しく作りましょう。

・子どもの体力に配慮する

　子どもは小さな大人ではありません。筋力はもちろん、体のサイズやバランスが違いますし、なにより骨格がまだ固まっていません。

　例えば大人でもフルフェイスのヘルメットをかぶって運動したり、腰の高さほどの階段を上ったりするのは大変でしょう。自分よりずっと大きな人間に手をぐいぐいと引っ張られて、同じペースで歩かされたりしたら、きっといやな気分になるはずです。だから柔術あそびの補助をする時は、子どものペースや体格に配慮して、力任せに手を引っ張ったり、体を引き上げたりしないようにします。ケンケン遊びなどでタイミングを合わせる時も同じです。子どものタイミングに合わせ、大人のタイミングでやらせたりしないようにします。

・仲よくする

　子育て真っ最中のパパやママでも、うまくできなくて癇癪を起こした子どもを笑ってなぐさめられる人は、なかなかいません。できなくてイラつく気持ちは、子どもの成長の印。一つの種目ができなくてもあまりこだわらず、他のできる種目に切り替えてしまいましょう。

・弱いものいじめを見逃さない

　自分より小さい子にふるう暴力は、見逃してはいけません。これは行儀よく叱らなくていいので、弱者にふるう暴力がいけないということをはっきり怒りで表しましょう。「叱る」と「怒る」は確かに違います。社会性が家族から外へ向かうこの時期に、大好きなパパやママを怒らせるくらい、問答無用でいけないことだと教えてあげてください。

・服装について

　柔道か柔術用の道着があればOK!　無くても大丈夫！

　お父さんは、上下ともファスナーなど金属のついていないもので遊びましょう。

　キッズも同じく、金属の無いもので。襟ぐりが広すぎないシャツ＆ひざ丈以上のパンツで！

○ブラジリアン柔術とは…？

　日本の柔道を起源とする、寝技がメインで打撃の無い格闘技です。試合は帯の色、体重、年齢により、細かくカテゴリー分けされて行われます。一本を取るか、時間内に多くポイントを取ったほうが勝ちです。

　日本人柔道家の前田光世（通称：コンデ・コマ）がブラジルに渡り、その技術をグレイシー兄弟に教えたのが、グレイシー柔術の始まり。兄弟の中でもっとも体の小さかったエリオ・グレイシーがテクニックをまとめ、息子のホイスやヒクソンの活躍によって脚光を浴びました。今ではブラジリアン柔術として、世界各国に多くのジムが開かれています。

　つまりブラジリアン柔術とは、もともと小さな子どものために作られた方法。それが並み居る格闘家を次々と撃破するほどの技術に発展したのです。

　ブラジリアン柔術の強みはそのテクニックにあります。もちろんフィジカルの強さ、スピード、体重などはあったほうが有利なことは確かですが、それらを技術の差で埋めることも十分

可能です。そのため「小よく大を制す」（本来の使い方は「柔能剛制」）が起こりやすい格闘技であるといわれます。その技術は今ではさまざまな格闘技に取り入れられ、MMAなど寝技のある格闘技をやるなら必須科目といえるほどになっています。

　この競技に必要なものは、

・自分の体を支える筋力
・攻守ともに必要な技術の基礎
・基本技を繰り返し練習できる執着心
・いかに点数（ポジション）を組み合わせるかの戦略
・戦況を俯瞰できる冷静さ
・練習において自分の弱さと向き合うメンタリティ
・さまざまなレベルの人が集う練習環境での他者への配慮
・体重制限のある競技に必要な健康管理
・関節技に必要な、人体の構造への理解
・稽古相手と互いに反復練習をするための、コミュニケーション能力
・絶えず刷新されるテクニックを取り入れる、柔軟な思考力
・出場大会までのスケジュール管理
・帯の結び方、道着の洗濯、畳み方、荷物のパッキング

などなど、いずれも格闘技のなかだけではない、生きていくことに必要なことばかりです。

　これらと向き合い、修めようとする努力が武徳を積み、なにかにつまづいた時に道を見いだせる羅針盤となります。

　子どもたちに持ってほしいのは、心のまん中に置くこの羅針盤です。

　体の健やかさと同時に、いつでも自分を信じて進むことのできる基礎を、親子一緒に築いていってほしいと思います。

　自分の道場を持つようになって、会員だった頃の生活とはずいぶん変わりました。

　気楽で楽しいだけではなく、いろいろな苦労もあります。

　でもどんなことがあっても、柔術の魅力が私を助けてくれます。

「スパーリングをすれば、必ずその人の内面が滲んでしまう正直さ」

「技の素晴らしさ、その技を世界中の柔術家が研究して、さらに磨かれ改新されるスピード感」

「さまざまな年齢、あらゆる分野の職種の人と、近めの距離感で知り合えること」

「もっとも効率の良い、体の使い方の探求」

などなど、その魅力は枚挙に暇がありません。

　ぜひこの素晴らしい競技を、多くの家族に楽しんでもらえればと願っています。

大人との違い

　大人に比べて体が小さな子どもは、気温に大きく左右されます。

　夏は熱せられたアスファルトに顔が近いため、大人よりも輻射熱の影響を強く受けますし、冬の寒さでは足の指や耳がしもやけになってしまいます。夏なら熱中症を防ぐためにこまめに水分補給をしたり、日陰で休ませたりするという配慮が必要です。冬なら出かける前や帰宅時に短い時間でもいいので逆立ちしたり、足指のグーチョキパーをしたりなど末端の血流を促進するエクササイズをやるのも良いでしょう。

　エクササイズをやっても子どもの足が冷たい場合は股関節の付け根から足回しをしっかりしたあとで、足裏のマッサージをしてあげてみてください。

27

「親子柔術、やってます！」

ここでは実際に親子柔術を楽しんでいる方に、
きっかけや実際に始めてみて感じたお子さんの変化について
伺ってみました。

①親子柔術を始めたきっかけは？　②どんな変化がありましたか？

練習の成果が出るという成功体験が自己肯定感を醸成した。

●Y君（17歳）親子クラス歴14年
●父（40代）会社員　柔術経験者
①健康のために運動する習慣を持たせようとサッカーをやらせたが続かず、理論的なことが好きなので、柔術が向いているのではないかと思いました。また父がUWFファンで柔術のことを昔から気にしていました。
②テレビを見ながら柔術の技をかけあって遊ぶなど、男同士にしてはスキンシップが多いと思う。また柔術を通して親子ともに人間関係が広がった。子どもにとっては特に同年代で切磋琢磨する友達ができたのは大きい。
　　練習の成果が出るという成功体験が自己肯定感を醸成した。守られるのではなく他者を守る立場になったと自覚しているようだ。

他の親子のありかたを間近に見られて安心した。

●O君（10歳）＆K君（6歳）　親子クラス歴ともに3年
●父（40代）会社経営　柔術・総合格闘技経験あり
①家の近所だったのと、護身術を学ばせるため。
②一緒にいられる時間が少ないのだが、親子柔術を始めてからは、以前より子どもがなついてくれるようになった。親子ともに運動を始めるきっかけとなり、体を動かすことをいやがらなくなった。他の親子のありかたを間近に見られて、落ち着かない子どもを持て余しているのが自分たちだけではないことがわかって安心した。

継続することでできることが増え、自信がついた。

- ●Hさん（12歳）＆H君（9歳）　親子クラス歴9年・6年
- ●父（40代）柔術経験者＆母　ヨガインストラクター
- ①柔術愛好家の父が、親子で遊ぶ時間を確保するため。そんな姿を見て弟も自然に入会した。
- ②始めはうまくできずにスネてしまうことも多々あったが、継続することでできることが増え、先生の話も落ちついて聞けるようになった。年下の子どもに手本を見せたり、お世話をしたりすることで自信もついたように思う。親子で運動不足を解消できるし、怪我の心配も少なくて安心だ。

子どもが楽しんでいて「道場に行きたい！」とせがまれる。

- ●T君（8歳）＆Aさん（5歳）　親子クラス歴ともに3年
- ●父（40代）会社員　柔術経験者
- ①父が柔術をやっており、子どもとやりたいと思ったから。
- ②家でも親子クラスのエクササイズをせがまれることが多々ある。それほど参加頻度は高くないが、幼稚園や日常生活ではやらない動きをやるので、身体能力は向上していると思う。なにより子どもが楽しんでおり、「また道場に行きたい！」とせがんでくる。

父の味方をしてくれることが増えた（笑）。

- ●F君（8歳）親子クラス歴　2年
- ●父（30代）会社員　柔術経験者
- ①子どもと一緒に体を動かしたかった。
- ②もともと母親寄りだったのが、一緒に柔術を始めてからは父の味方をしてくれることが増えてきた（笑）。楽しく道場に通い、できなかった動きは自主練している。親子で一緒に遊ぶ時間を持てるのはとても良い。

コミュニケーションの質が変わった!

●K君（10歳）親子クラス歴7年
●父（40代）会社員　柔術経験なし
①親子のスキンシップと父親の適度な運動のため。
②子どもが自分の考えを少しずつ表現するようになり、コミュニケーションの質が良い意味で変わった。継続する意識やチャレンジ精神が芽生え、子の交友関係も広がった。父の運動不足も解消できた。

共通の話題ができて、会話が増えた。

●J君（10歳）　親子クラス歴6年
●父（50代）会社経営　トライアスロン愛好者。柔術は体験程度
①自立精神を育むために、なにか格闘技をやらせたいと思っていた。親子のスキンシップも兼ねて入会。
②毎週末に一緒に過ごす時間ができて、柔術が共通の話題になって会話も増えた。もともと引っ込み思案だったが、気持ちを奮い立たせて試合に出場するほどの積極性が芽生えた。

身体能力が上がって、他者との触れ合いに積極的になった!

●Yさん＆Mさん　親子クラス歴ともに4年
●父（30代）会社役員　柔術経験者
①移転前の道場がとても近所で、前を何度も通っていた長女が興味を持った。
②親子で体を使って遊ぶことが増えて、心身の距離が近づいた気がする。逆立ちや側転などで身体能力が上がったのを感じる。あと、他者との触れ合いに積極的になった。親子で一つのことに集中して取り組む時間ができたのはとても良かった。子も親子クラスからそのままキッズ柔術を始め、柔術愛好家の父と共通の話題ができた。

その他の声

小学生になっても体がくっつくことを嫌がらないので、スキンシップしやすいです。

R君（16歳）＆Nさん（10歳）親子クラス歴13年・7年
父（40代）公務員　柔術経験者

あいさつしたり帯を結んだりなど、できなかったことができた瞬間に立ち会えるため、子どもの成長を実感できる。

Fさん（7歳）親子クラス歴4年　父（30代）会社員　柔術経験者

柔術のあとは汗だくで、たっぷり遊んだ満足感ですっきりした顔をしている。

Sさん（16歳）＆Hさん（13歳）親子クラス歴ともに6年
母（40代）会社員　柔術経験者

下半身の動きなど、都会ぐらしではおろそかになりがちな体の使い方が鍛えられている。親子で共通の趣味を持てたのが良かった。

Kくん（6歳）親子クラス歴に3年　父（40代）公務員　柔術経験者

子どものほうから「親子柔術でやったアレをやろう！」と言ってくることがある。体を動かす楽しさを知っていってもらいたい。

Tさん（4歳）親子クラス歴1年　父（40代）会社員　柔術経験者

●親子柔術を始めたきっかけ

1位	親子のスキンシップ
2位	健康のため
3位	護身術
3位	家が近かった
5位	自立心を養うため

●こんな変化があった！

1位	親子のスキンシップが増えた
1位	運動が好きになった
1位	体力がついた
4位	自立心がついた
4位	人間関係が広がった

親子クラス DATA

・親子クラス入会時の平均年齢
　子供3〜4歳　親38.3歳

・お父さんお母さん比
　7:3〜9:1

・保護者の柔術経験率
　95%

備考：入会するとほとんどの子は小学校に入学するまでは在籍し、その後もキッズクラスに移行する子が多い。

※このアンケートは著者の主催するトライフォース五反田で行われたものです。

Column
練習の記憶

　幼少期に剣道をやっていた知人は、練習後に先生が
ラーメン屋さんに連れていってくれたことをとてもよ
く覚えているそうです。もしかしたらほんの一度きり
のことかも知れませんが、その人にとっては「剣道が
楽しかった記憶」の大切なパーツになっているのです。

　ピアノでも水泳でもお習字でも、幼少期の習いごと
で一番心に残るのは、パパやママに連れられていく、
往復の道中かも知れません。親子柔術クラスに通う子
どもたちも、練習後にいそいそとパパやママとのお出
かけに向かったりしています。

　小学生になるまでは「何をする」よりも「どこかに
行く」という体験の方が、印象に残りやすい傾向にあ
ります。

　お稽古ごとの行き帰りに立ち寄る公園、楽しいラン
チ、コンビニのアイスなどが一生の思い出になること
もあります。子どもたちが小学校にあがるまではあっ
という間です。ディズニーランドや旅行といった大掛
かりなお出かけだけでなく、お稽古の往復のような
ちょっとした外出も、うんと楽しんでください。

Part 2

やってみよう 柔術あそび！

さあ、いよいよ親子で楽しむ
　柔術あそびのはじまりです！
　　ここでは柔術未経験者の方でも
　　　楽しんでできるものを用意しました。

どれも簡単ですが、
　お家で行う場合は、
　　周りのものにぶつかったり
　　　壊したりしないように注意してください。

凡例

名前の横にある☆の数は、難度を表しています。数が多いほど難しくなります。

 このマークはヒントです。そのあそびのコツや目的などを紹介しています。

QRコードは、それぞれの遊びを動画で紹介したものです。携帯やスマホで読み取って、写真と一緒に見ることで、よりあそびの動きやコツがわかりますのでご活用ください。

1. ブラジル体操
2. マットであそぼう
3. くっついてみよう
4. みんなでやろう！
5. 柔術ワザあそび

柔術あそびを始める前に！

服装は？

　大人も子どもも、ボタンや、ファスナー等が付いていない、動きやすい服装ならOKです！

　Tシャツと短パンなど動きやすい服装で、楽しめます。

　2人とも道着だと、滑りづらかったり、お互いの袖をつかんだりできてベストですが、引っかからない服装ならなんでもOK！！

爪は切って！

　お互いをひっかかないように、手も足も爪を切っておきましょう。アクセサリーや時計もOFF！

　体が痛い時や、気分が悪くなった時は、すぐに休憩しましょう。

部屋着でも

OK!

Tシャツ、短パンだと

もっとOK!

道着だと

かっけー!

「やりなさい」は NG！

右足で、ずよ先生の手にタッチ！

　一緒に行う際に、
「〇回やりなさい！」ではなくて、
「〇回できるかな？やってみよう！」と言って
みてください。モチベーションが上がります！
　子どもがうまくできない時も、
「ちゃんとしなさい！」ではなくて、
「右の足をここに置いてみて」など具体的な指
示が大事！　それでもできない時は、「できる
までやる」なんてことはしなくていいので、さっさと他のカテゴ
リーの遊びに切り替えてしまいましょう。「あそび」なんですか
ら「楽しんでやる」ことが大事です！

無理にやらせない

　「いつ、どのくらいやるのか」は子どもの年齢や、体の大きさ、
集中力で違いますので一括りにできません。もし２分で飽きてし
まったらその日はそこで終了で OK！　飽きたり嫌がったりして
いる時に無理に行う必要はありません。

くるりんぱ！

　この本に登場する子どもは、メイン
の６歳の二人を筆頭に３歳までで、大
人を含めてみなさん実際に親子クラス
に参加してくれている方です。
　動画を見ていただければわかります
が、子どもは気まま（笑）。こちらの思
惑通り動いてくれません。でも、それ
で OK！　その時その時、子どもたち
が楽しんでいる様子をよく観察して、
機嫌よく子どもと一緒に楽しむことが
大事です！ "あそび" なんですから。

走って、ステップ！

場所：廊下、野外など、5メートルほど走れる場所

グーパー、グーパー！

グーパー、グーパー！

パチン！

1 走りながら、手のひらをグーパー。
肩から、腕を大きく回して
グーパー！

2 スキップ＆腕を
大きく振りながら
頭の上で、パチンと叩く。

ジャンプ！

ラン！＆
スキップ！

9 合図で・ジャンプ！
・床タッチ！
・床にうつ伏せ！
・後ろ向きに走る！
などなど組み合わせは自由！

床にタッチ

うつ伏せ

8 前向き走り＆
前向きスキップ！
7〜8を繰り返し。

36

4　サイドステップ
　　（カニさん走り）で
　　内向き、外向き。

カニカニ！

ブンブン
振ろう！

3　左右の腕を交互に、
　　体の前で大きく振る。

クルッと
回って、
カニカニ！

5　ツーステップで
　　内外切り替え。

7　後ろ向き走り＆
　　後ろ向きスキップ！

クルッと
回って、
走ろう！

6　ランニング！

ダッシュ！

※ブラジル体操はサッカーのブラジル代表選手が採用している体操に由来しています。

2. マットであそぼう

アニマルで歩こう！

場所：廊下や部屋など、大人の足で5歩くらい歩ける場所

ゴリラ歩き☆

できるだけお尻を高く、
手のひら全体を床につきます。
小さいお子さんは、
お父さんのお腹の下で
一緒に歩いても楽しいです！

1 両手両足をまっすぐ伸ばし、
お尻を高く上げて
四つ足で歩きます。

2 途中から後ろ向きに
進みます。

クモ歩き☆☆

最初は頭の方向に進んだ方が簡単です。
子どもが小さい場合は、
お父さんのおなかの上に乗せてもOK！

お尻を上げて
クモクモ！

後ろへ
クモクモ！

今度は前に！

クモクモ！

1 仰向けで手のひらと足裏を床につけ、
お尻を上げて進みます。

2 途中で進む方向を
変えます。

※「マカコ」はポルトガル語で「猿」。猿のような動きをすることに由来しています。

マカコ☆☆

両手を
しっかり
ついて、

横に
ジャンプ!

ジャンプ!

1 両手のひらを床にしっかりついて、
体重をかけます。

2 ついた手の横に、
両足を大きく開いてジャンプ!

3 着地は膝をつかずに
足の裏でしっかりと！
進行方向に対して左右にお尻を
振るように進みます。

しっかり
足裏で着地!

着地!

小さいうちはその場でぐるぐる回って
しまうことが多いので、お父さんが見
本を見せながら進むとよいでしょう。

アザラシ歩き☆☆

手の指先が外側を向くと、
力が入りやすく
進みやすいです。

腕を伸ばして
歩こう!

うつ伏せで両腕をぴんと伸ばし、
足を使わず手で歩きます。

手のひらでくぐる高さを
目認させると、
ゲーム性が追加できます。

肘と足で
しっかり
進むよ！

うつ伏せで低い体勢を保ったまま
肘と脚を使って進みます。
はいはいの名残で、幼い子どものほうが
上手にできる傾向があります。

よいしょ！
よいしょ！

少しずつしか前に進めないので、
距離は短めで OK です。

ボートこぎ☆

手をぐーんと
後ろに
引くよ！

ぐーん！

体育座りの姿勢のまま、両腕を前方に突き出し、
ボートをこぐように引きつけることで
お尻を滑らせて前に進みます。

いっしょに楽しむ

　親子柔術に興味がある方のなかには、クラスに子どもを預けられると思って来館され、親子が一緒にクラスに参加すると知り、「それなら結構です」と帰ってしまう方もいます。

　もちろんそれは仕方がありません。家庭それぞれの事情があります。

　それでも私たちは、パパやママに子どもと一緒に運動を楽しんでもらうことで、子育てを応援したいと思っています。

　道場に集うパパやママたちは、自分が運動が得意かどうかは別にして、子どもたちを元気よく遊ばせたいと思っている人たちばかりです。

　時には子どもそっちのけで新しいマット運動にチャレンジする頼もしいパパやママもいます。そんな両親と一緒にマット上で遊んだ記憶は、きっと子どもたちの心に残ることでしょう。

　この本を手に取ってくださる皆さんのなかにも、子どもと遊ぶ時間がとれない方が多くいらっしゃることと思います。それでも家にいるあいだのスキマ時間で、なにか一緒にできることがあるかも知れません。

　例えば、出勤する際にリビングから玄関まで子どもを足につかまらせて歩いてみたりとか。それだけのことでも、子どもにとっては、普通に玄関まで見送るよりも刺激的で楽しい経験になるはずです。

壁を使ってあそぼう！

場所：丈夫な壁があるところ

壁歩き　上向き☆

お尻を壁に
つけるよ

はーい！

1 壁にお尻がつくように、
仰向けに寝ます。

足を壁に
てくてく

てくてく

2 壁を歩くように登って、

3 お尻を持ち上げて
5カウントキープ。
そのまま右足、左足と
交互に足を上げてキープ！
腰を両手で支えてもOK。

キープして
1、2、3

4、5！

壁歩き　下向き☆

1 足を壁に向けた
腕立て伏せの姿勢から、
歩くようにして
壁を登ります。

今度は
逆向きだ!

よーし!

2 逆立ち状態になったら
仰向けと同じように、
5カウントキープ。

キープして
1、2、3

4、5!

3 左右の足を
交互に上げます。
両足を壁から離し、
逆立ちにチャレンジしてもOK！

左足を
上げて!

慣れてきたら、つま先を壁に立てた逆
立ちの姿勢で、横に2〜3歩行ったり
来たりするカニ歩きもオススメ！

上げた!

43

ジャンプでジャンプ！

場所：飛び跳ねられる場所

ピタッとジャンプ☆

ピタッ！

ピタッと
止まって
1、2、3
ぴょーん！

ぴょーん！

またピタッと
止まって
1、2、3

ピタッ！

1 片足立ちで３秒キープしたら
ジャンプ！

2 反対の足で着地して、
３秒キープしてまたジャンプ！

「1、2、3！ぴょーん！」と
擬音つきでカウントすると、
片足でバランスをとろうと、
子どもたちががんばります。

3 これを繰り返して
ジグザグに進みます。

ぴょーん！
1、2、3

44

123 ジャンプ☆

1 （大きく、ばんざい！）

ばんざい！

2 （手を下ろして！）

ぶーん！

3 （ジャーンプ！）

1 いわゆる立ち幅跳びです。「1」のカウントで両手を頭上に振り上げ、

2 「2」で下ろし、

3 「3」で腕を大きく前方に振り出す力を使って、前方に大きくジャンプ！

4 両足で着地！

💡 目標地点を決めてそこまで何回のジャンプで行けるか数えると、子どもたちが新記録を出そうとして盛り上がります。

45

さんかく前受け身☆

両手で
三角形を
作るよ！

はーい！

三角形で前に
倒れるよ！

パン！

パン！

1 正座をして人差し指と
親指で三角形を作ります。

これができたら正座の姿勢から
前方にジャンプし、前腕の三角
で床を叩くようにして着地しま
す。こうすることで前受身の基
本動作を身につけることができ
ます。

2 指先から肘の三角形を
キープしたまま床に肘をつけ、
三角の部分で床を打ちます。
正面に倒れた際に衝撃を打ち消す練習です。
パンパンといい音を鳴らすようにしましょう。

46

前受け身どっちかな☆☆

1 前受け身の構えの
姿勢になります。
大人が横に座り、
子どもを前方に倒します。

胸と背中
どっちかな？

大人は背中から押す方法と、
胸元のエリを引く方法の
二つがあります。
二つをランダムに織り交ぜれ
ば、不意の転倒でもとっさに
受け身をとる対応力を
身につけることができます。

2 子どもは前受け身で着地です。

今度は、
背中を
押すよ～

音を出して
しっかり
前受け身！

3 「パン！」としっかり音を
鳴らしましょう。

パン！

47

くるりん、バーン！☆

1 腕を胸の下にたたんでしまいます。

2 左右に転がり、

3 腕全体を使って床を叩きます。
できるだけ大きな音を出すようにしましょう。
これは柔道や柔術で大切な横受け身の練習です。
最初は転がるだけでも OK です。

雷ドカーン！☆

手足は
上にして〜

手足上〜

1 手足を上に伸ばして
仰向けになります。

ゴロゴロ
ゴロゴロ〜

ゴロゴロ〜

2 大人が「ゴロゴロゴロ…」と
雷の声マネをします。
子どもは手足をぶるぶる震わせます。

ドカーン！

ドカーン！

3 大人が「ドカーン！」と言ったら、
子どもたちは後ろ受け身！
手で床を叩きます。

💡 受け身の時におへそを見るように
首を持ち上げること。大人は腕を
開く幅などをチェックしましょう。
手が体に近すぎると衝撃を吸収で
きず、受け身の効果が半減してしま
います。

がまんがまんころりん☆☆

手を伸ばして、
ゆ〜らゆら〜

1 受け身の姿勢で、
大人は子どもの足首を
持って上下に
揺らします。

バーン！

2 大きく手を離した時に、
受け身の姿勢をとります。

はい！

肩抜き後転☆☆☆

はてな？

はてな？

1 休育座りから、後転します。
首を右にかたむけた場合は、
両ひざが左側に来るようにします。
子どもは「はてな？」の声がけで首をかたむけ、

2 後転します。

できた？

うん！

3 足が上手に肩から抜けたら OK です！

四つんばいで手足をはーい☆☆

1 立ち上がる動作の練習です。
クモ歩きやゴリラ歩きのように
手足を床につけます。

手足を床に
つけて、用意!

用意!

2 左右の手足を
一つずつ上げます。

手を上げて〜

はーい

足を上げて〜

はーい

3 2つの部位を同時に上げます。
右手と左足、左手と右足といったように
対角の手足を同時に上げます。
この動作をスイッチや柔術立ちなどの動きに
発展させます。

今度は
手足を
上げて〜

はーい

小さい子どもは指の形(Vサインや
サムズアップなど)をマネするだけ
でもOK。

体育坐りから柔術立ち☆☆

1 体育坐りから、柔術の基本の立ち方「柔術立ち」になる動作を分解したエクササイズです。
大人が言葉で誘導します。まずは、「右手はーい！」

2 「左手後ろで、左足はーい！」

3 「お尻を持ち上げて」

4 「足を後ろにして」

5 「構える！」で柔術立ち。
※柔術の基本の立ち方

子どもには擬音

　親子柔術を始めた頃は、何とか子どもたちにマット運動をさせようと、親御さんと四苦八苦でした。

　エビや肩ブリッジといった基本動作も、大人と子どもでは重心の位置などの違いから、まったく異なる動きになってしまいます。

　そのうちに気づいたのは、家に帰ってから「今日は楽しかったね〜」と、お話しできるのが一番なのではないかということです。

　あとは指示する言葉も、大人と子どもでは変える必要があります。

　大人に向けての指示は「できるだけ具体的に、体の各部位の動きを伝える」ことになりますが、親子クラスでは「できるだけ擬音化して、リズムや音で動きを伝える」ようにしています。

　例えば「お父さんの右足につかまりましょう！」ではなく、「足をガチャーンとロック！」と言うと、反応がまるで違ってきます。

　正しい動きをさせること、楽しく体を動かすこと。何が大切なのかを見失わないように。

　子どもたちに楽しんでもらうための四苦八苦は、継続中です。

3. くっついてみよう

離さないぞ！

場所：やわらかな床で少し広いところ

親子で一緒に取り組む柔術あそびです。子どもだけでなく、
子育て世代のみなさんの体力アップにも効果的です！

お尻シュー☆

しっかり
手を組んで！

小さいうちはべろーん、と寝てしまっても、引っ張って滑ることを楽しめたらOK！握力や姿勢を維持するバランス力を養います。

お尻シュー！

わーい！

1 体育座りになった膝裏で、
両手でクラッチを組みます。

2 あごをしっかり引いて、
大人が足を引っ張り、
お尻で滑ります。
途中で、クルッと回したり
すると、楽しい！

スーパーマンだ！☆

子どもは腹ばいに寝て、
帯をしっかりつかみ、あごを上げます。
引っ張って大人が走るだけ！

慣れてきたら、帯の端を握ったり、
片手を離してみたりして、ものをつかむ感覚を養います。

あごを上げて
シュー！

スーパーマン！

行かないでぇ！☆

1 進行方向を向いた大人の足首を、
子どもは腹ばいでしっかりつかみます。
顔は外側に向けておきましょう。

2 大人はそのまま進むだけ。
子どもは大人の足をしっかりつかんで
ついていきます。
大人の足払いの練習にもなります。
※仰向けで足を持つこともできます。

クォーターガード☆

1 子どもは大人の
足の甲の上に座り、
腕も足もしっかり組んで、
すねにしがみつきます。

2 大人は子どもにつかませたまま歩きます。
片足でクルッと回ったり、
軽くジャンプしてもOK！
大人の脚力強化にも効果バツグン！

お船☆☆

足首をしっかり
つかんで！

いくぞー！

滑るー！

1 子どもはうつ伏せに寝て、
手で足首をつかみ、
その間に帯やベルトを通します。

2 大人は帯を引っ張り、
ソリを引くように走ります。
子どもはしっかりと
あごを上げましょう。

子どもの手を引き上げると、歩きづらくなります。子どもの腕が下がっているところで手をつないでください。クラスでは「おんにょろにょろにょろあなのぞき♪ももちゃんのおやつはどこじゃいな？♪」と歌いながら歩いています。

おんにょろにょろ☆

しっかり
立ってね

おんにょろ
にょろ♪

にょろ♪

にょろあな
のぞき♪

のぞき♪

1 大人と同じ方向を向いて、
子どもが大人の
足の甲に立ちます。

2 息を合わせて、歩きます。

56 ※「おんにょろにょろ」は絵本『ちいさいモモちゃん　おんにょろにょろ 』（松谷みよ子著）
に登場する歌です。

手つなぎ足つなぎ☆☆

1 つないだ手と反対の手で
足の甲を持ち、

2 ケンケンで進みます。
足を持てない場合はズボンの
膝のあたりで OK です。

後ろ向きもチャレンジ！
片足に慣れたら両手をつないで、
上げた足をつないでも OK ！

手足グーパー☆☆☆

1 ゴリラ歩きの姿勢で向き合います。
この時、手はグー（閉じて）、
足はパー（開きます）。

2 手を進行方向に向かって、
パー（開いて）に。

3 今度は足をグー（閉じて）にします。
これを繰り返して横移動！

小さい子どもはゴリラ歩きで
横に進むだけでも OK です。

大人であそぼう！

場所：やわらかな床の上。1 畳から 2 畳ほどのスペースでできます

エレベーター☆

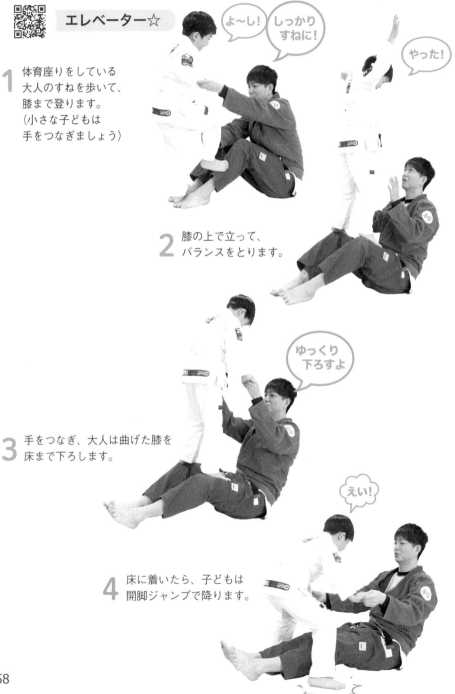

1 体育座りをしている
大人のすねを歩いて、
膝まで登ります。
（小さな子どもは
手をつなぎましょう）

2 膝の上で立って、
バランスをとります。

3 手をつなぎ、大人は曲げた膝を
床まで下ろします。

4 床に着いたら、子どもは
開脚ジャンプで降ります。

ジャングルジム ☆☆

ジャンプ！

くぐるぞ！

ジャンプ！

1 大人は片ひざをついて、両手を手のひらを上にして床の近くに差し出します。

2 子どもは立ち膝の下をくぐったり、手のひらや足を飛び越えたりして、大人の周囲を走りまわります。足をバタバタ上下させれば、チャレンジ感がアップします。

大人登り ☆☆

バランスバランス！

登るぞ！

ぶーらぶら！

1 ふんばる大人の体に子どもがつかまります。

子どもが小さい場合は、正座やあぐらで低くしてあげましょう。

2 おんぶの位置からだっこの位置まで脇の下をくぐって移動します。

59

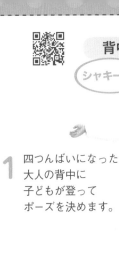

背中サーフィン☆

シャキーン!

とおっ!

1 四つんばいになった
大人の背中に
子どもが登って
ポーズを決めます。

2 合図と同時にジャンプ!

**俺を踏み台
にした!?**

**さらにトンネル
にした!**

くぐるー!

3 下りたらお腹をくぐります。
これを繰り返しましょう!

ヒコーキ☆☆

手を離すよ〜

ヒコーキだ!

1 大人は仰向けに寝て、子どもを
足の裏に乗せます。

2 バランスが取れたら手を離し、
足を伸ばします。
子どもは両手を飛行機のように
ピンと伸ばします!

まっさかさま☆☆

1 体育座りの大人のすねに、
子どもは両手両足で
ガッチリつかまります。

2 子どもにつかまらせたまま、
大人は仰向けに寝ます。

3 そのままレッグエクステンションの
要領で膝を伸ばし、子どもを
真っ逆さまに！
頭が下になる時は、
両手で支えて補助しても良いでしょう。

4 そのまま足を曲げ伸ばししたり、
揺すったりしましょう！

くるりんぱ☆☆

1 子どもは大人の
親指を握り、
大人は子どもの
手の甲を包むように
しっかり持ちます。

しっかり親指を
握って

うん！

2 子どもが大人の太ももを
駆け上がって、

3 逆上がり！

いくぞ！

もう
ちょっと！

うーん！

着地！

やった！

4 そのままクルッと回り、

5 着地！握りなおせば連続くるりんも可能です。

登って登って肩車☆☆☆

登るぞ!

やった!

2 肩車ができたら、しっかり太ももで
大人の肩をはさみましょう。
降りる時は壁などに手を着き、
大人がしゃがみます。
余裕があればそのまま
スクワットしてもOK!

ゆっくり
降りるよ

1 くるりんぱの要領で、
太ももからどんどん胸まで歩いていって、
肩車までよじ登ります。

逆立ちでパカッ!☆☆

しっかり
立って!

おお!

えい!

1 足首を持って
子どもの逆立ちを補助します。

補助つき逆立ちが一人でできるよ
うになったら、補助なしでできるか
チャレンジしてみましょう。

2 片手を離し、片足だけを補助しての
逆立ちになります。
反対側も同じように行います。

手足であそぼう！

場所：ふとんやマットなどやわらかな床の上で

手でタッチ☆

タッチ！

今度はジャンプ！

えい！

上下だ！

1 向き合って立ち、子どもが大人の両手に同時にタッチします。

2 左右の手の高さや奥行きに変化をつけて、広い視野や不規則な動きへの対応力を養います。

足でタッチ☆

1 子どもが仰向けに寝て、大人は頭側に座ります。

2 大人が出した両手のひらに、子どもは足裏でタッチ！
勢いよく蹴るのではなく、軽くタッチできるようにしましょう。

両足一緒に！

タッチ！

足指ハンカチ取り☆☆

1 ハンカチや手ぬぐいを
大人と子どもの間に置きます。

2 両端から足の指でつかみ、
かかとを動かさないように足の指だけで
自分の方に引きます。

3 たくさん引っ張れたほうが勝ち！

マネっこ☆

1 大人と子どもが向き合います。

いくよ！

うん！

2 大人がポーズをとり、
子どもはそのマネをします。

腕クロス！

腕クロス！

お手つき！

お手つき！

3 しゃがんでも OK です！

手を上げる！

手を上げる！

4 慣れてきたら組み合わせるポーズを
挑戦してみましょう！

66

マネっこいっこ前☆☆

1 大人と子どもが向き合います。
大人がポーズをとりますが、
子どもはマネせずそのポーズを
覚えます。

手を上げる!

手を上げた

次は
手を横!

いっこ前は
手を上げる!

2 大人がポーズを変えます。
子どもは大人が
一つ前にやっていた
ポーズをとります。

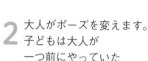

今度は
手をヒザ!

手を横!

3 大人が再びポーズを変えます。
子どもは大人が一つ前にやっていた
ポーズをとります。
つい大人のポーズに釣られないように
気をつけましょう!

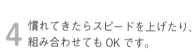

次は
腕クロス!

いっこ前は
手をヒザだ!

4 慣れてきたらスピードを上げたり、
組み合わせても OK です。

67

4. みんなでやろう！
たのしくきょうそう！

場所：少し広いところ、やわらかな床

多人数の柔術あそびです。子どもたちがぶつからないように注意して行ってください。

ウェーデルンジャンプ☆

1 大人が並んで、伸ばした足を開いて座ります。

2 子どもは足を一本ずつ両足でジャンプして飛び越します。

3 ジャンプの代わりにマカコでも OK です！

背中渡り☆

おっとっと！

もう
ちょっと！

1 大人が亀になって並び、
子どもはその上を立って歩きます。
大人が縦に並んだり、
高低差を出したりしても OK です！

慣れない子は
手を支えてあげてください。

足球拾い☆☆

1 床に置かれたボールやペンを
足の指でつかんで、
ケンケンでお皿に運びます。
制限時間を決めて競争すると
楽しくなります！

足の指で
つかんで、

ケンケンして
ポイ！

きめちゃうぞ！

場所：少し広いところ、やわらかな床

足回し☆☆

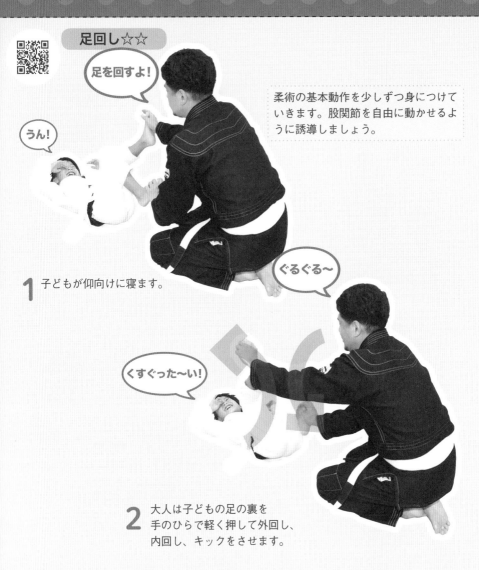

柔術の基本動作を少しずつ身につけて
いきます。股関節を自由に動かせるよ
うに誘導しましょう。

1 子どもが仰向けに寝ます。

2 大人は子どもの足の裏を
手のひらで軽く押して外回し、
内回し、キックをさせます。

足で字を書く☆

1 仰向けに寝て
両足を上げます。

自分の誕生日や電話番号、住所など、覚えておきたい数字をあらかじめ選んでおきます。慣れてきたら、右足と左足で異なる数字にチャレンジしましょう。

いくよ!

はーい!

いーち!

いーち!

2 空中に数字を
書きます。

にーい!

にーい!

3 できるだけ大きく
書いてみましょう!

体をまるめて
横向きになるよ

はーい!

1 前向きに立った大人の、
足の間に寝ます。

両足でしっかり
踏ん張って!

ぽいーん!

2 膝を曲げて、
床を蹴って足の間から
お尻を出します。

お尻で足を
くぐらせよう!

仰向けのままではなく、横半身に
なれるようにしましょう。慣れな
いうちは軽くつかんで、フォロー
しても OK です。

72

バックキープ☆

柔術で重要な相手のバック（背中）をとった姿勢をキープする
練習です。

子どもの腕がまだ短くて手が届かない
場合は、両手を脇の下から入れて服を
つかませます。道着の場合はエリを持
たせましょう。

絶対、
離さないぞ！

ぎゅぎゅ～

いくぞ～

1 子どもは大人の背中にしがみつきます。
足を胴体にがっちりと回し、
手はシートベルトクラッチの形にします。
（肩の上と脇下から手を入れて、シートベルトの
ように斜めに腕を回して、両手をしっかり握る）

2 大人が体をゆすったり、

離すもんか！

しっかり
つかまって！

3 いろいろ動きますが、
子どもは振り落とされないように
しがみつきます。

4 子どもが落ちた時、大人が
その上に倒れたりしないように
注意してください。

73

マウントキープ☆☆

相手のマウント（上）をとった姿勢をキープする練習です。

1 大人が膝を立てて仰向けに寝て、
子どもが馬乗りに座ります。
手のひらを床について
姿勢を安定させます。

うん！

しっかり
胸の上に乗って

落ちないぞ！

2 大人はお尻を上げたり、
左右に肩ブリッジをします。
子どもは落ちないように床に手をついて
マウントポジションを保ちます。

3 どれだけ長くマウントを
キープできるか、
楽しみながらトライ！

どうだ！

やるな！
く、苦しい

腕十字どっち？ ☆☆

1 子どもが大人の胸の上で
マウントポジションをとります。

> 腕十字、
> どっちだ！

2 大人が左右どちらかの腕を
子どもの目の前に出します。

> 右だ！

3 子どもは両手足で飛びついて、

> 両手で抱えて、

4 横に倒れます。
腕十字固めの練習ですが、
細かなポイントは省き、腕を抱えて
倒れるところだけを練習します。

> 足をかけて、
> 倒れる！

5 大人がタップ（子どもの体を2回以上叩く）
したら、子どもはすぐに離します。
相手がタップしたらすぐに技を解く習慣を
身につけます。

> 極まった！

> ポン！
> ポン！

> 参った！

> おお！

75

三角絞め☆☆☆

「しっかり、手をつかんで」

1 仰向けに寝ている子どもに、腕を出してつかませます。

「いくぞ!」

2 子どもは大人の腕と反対の足をかけ、

「足をからめて!」

3 さらに反対側の足をかけ、三角絞めの形に足を組みます。

「足をがっちり組んで!」

「持ち上げるぞ!」

実際の三角絞めは、下から相手の首に足をかけ、頚動脈を絞める技です。

4 大人は軽く持ち上げてしっかりかかっているかチェック!

「離すもんか!」

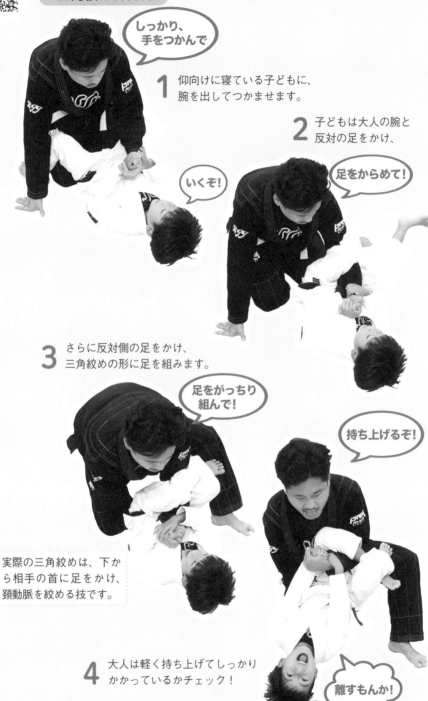

シール取り ☆☆

1 大人はおでこにシールを貼って、仰向けに寝ます。

2 子どもは大人の足側から、シールを取りにいきます。大人はこれを足でディフェンス！

3 子どもは大人の足を避けてマウントポジションになり、シールを取ります！

攻守を逆転して、子どものおでこにシールを貼って、大人が取ってもOKです。子どもは足裏を大人の肘の内側にあてて、蹴らずにコントロールして防ぎます。

おわりに

　2020 年に入り、新型コロナウイルス感染症は、瞬く間に世界に広がりました。この本を書いている今も、世界中の人たちがステイホームの最中です。

　柔術だけでなく柔道や空手、剣道など、あらゆる武道、格闘技が活動停止を余儀なくされた結果、「家庭でできる、体を動かすあそび」のニーズが、老若男女を問わずに急上昇しました。

　この本に出てくるメニューも「＃柔術で遊ぼう」というハッシュタグでインスタグラムに上げたところ、柔術を習っていない子どもたちにも受け入れられ、「マンネリ気味だった家庭での遊びに変化が生まれた」との喜びの声もいただきました。

　家にいる時間が長くなることで、子どもとの体を使ったコミュニケーションが増えるなら、コロナ禍も悪いことばかりではなかったと思えます。子どもにとって、パパとママがずっと家にいて楽しかったと思える、とても大切な時間になったのかもしれません。

　本書の出版にあたり、トライフォース五反田の会員の皆様とそのご家族の皆様に、絶大なご協力をいただきましたことを心より感謝いたします。そしてトライフォース総代表早川光由先生はじめ、各支部の先生・スタッフの皆様、我々トライフォース五反田の運営のために、いつもご助力いただきありがとうございます。

現役を離れてもなお、柔術への強い思いと矜持を抱けるのは、かつて一緒に練習していた吉祥寺・渋谷の愛すべき仲間たち、パラエストラ吉祥寺の高谷聡先生、ネクサセンス立川の植松直哉先生、そして柔道家小室宏二先生と、何より、その戦いざまに感動した私に柔術の門を叩こうと思わせてくださった、元プロシューターであり日本ブラジリアン柔術連盟会長中井祐樹先生のお陰です。

　本書の企画段階でデータ等の収集にご尽力いただいた、JIU-JITSU NAVI 主宰・トライフォース親子護身術講師の新明佑介氏と、「親子柔術の本を出したいと思っているのだけれど……」というふわっとした私の相談を、物凄いエネルギー＆行動力で現実に結びつけてくださったトライフォース五反田会員にしてアシル治療室院長若林理砂氏には、七重の膝を八重に折り、お礼を申し上げます。

　最後に、私たちはどんな時でも、大人も子どもも健康で善良な柔術家を育てたいと願っています。そのためにできることは、柔術を愛する種を家庭の愛によって心の中に植えること。

　柔術はいつでもパパやママとの楽しい時間をくれると、心に刻んでもらうこと。親子で柔術をした幸せな時間の記憶が、混沌とした次の時代に、強く・賢く・優しく・心の真ん中にある大切な羅針盤を失わない「良き柔術家」を育ててくれることを祈っています。

　お父さんお母さん、みんなみんな、いつもありがとう。

　　　　　　　2020 年 12 月　秋川かずよ

Profile ●

秋川かずよ（Kazuyo Akikawa）

日本体育大学女子短期大学卒業。卒業後は証券会社に入社。その後スポーツクラブ勤務から、社長秘書兼運転手となる。29歳で秘書業務の傍ら、東京療術学院に入学、卒業後も運動医療（運動での疾病改善）の研究を続け、大連医科大学での解剖実習にも参加。その後、高齢者のウォーキング指導などにあたる。ブラジリアン柔術は31歳から始め、その後のライフワークとなる。2006年IBJJ主催アジア大会にて女子青帯ライトフェザー級優勝。

トライフォース五反田 " おかみ "

Website

Facebook

Instagram

プレ・ゴールデンエイジを最高の時間にする！

親子で楽しむ柔術あそび

●定価はカバーに表示してあります

2020年12月15日　初版発行

著　者　　秋川 かずよ
発行者　　川内 長成
発行所　　株式会社日貿出版社
　　　　　東京都文京区本郷 5-2-2　〒 113-0033
　　　　　電話　（03）5805-3303（代表）
　　　　　FAX　（03）5805-3307
　　　　　振替　00180-3-18495

編集協力　北川貴英
モデル　　竹下健介、竹下汰成
　　　　　羽谷亮一、羽谷幸之助、羽谷奏亮
　　　　　トライフォース五反田・親子クラスの皆さん
印刷　株式会社シナノ パブリッシング プレス
© 2020 by Kazuyo Akikawa ／ Printed in Japan
落丁・乱丁本はお取り替え致します

ISBN978-4-8170-6034-1　　http://www.nichibou.co.jp/